छत के चाँद से होती

मन की बात

छत के चाँद से होती
मन की बात

जयन्ती सेन 'मीना'

वाणी प्रकाशन

वाणी प्रकाशन

4695, 21-ए, दरियागंज, नयी दिल्ली 110 002

फ़ोन : +91 11 23273167 फ़ैक्स : +91 11 23275710

शाखाएँ

अशोक राजपथ, पटना 800 004, बिहार

कॉफ़ी हाउस कैम्पस, महात्मा गांधी मार्ग, इलाहाबाद 211 001, उत्तर प्रदेश

महात्मा गांधी अन्तरराष्ट्रीय हिन्दी विश्वविद्यालय, वर्धा 442 001, महाराष्ट्र

सुल्तानिया रोड, मोतिया पार्क, भोपाल 462 001, मध्य प्रदेश

www.vaniprakashan.com
marketing@vaniprakashan.in
sales@vaniprakashan.in

Chhat Ke Chand Se Hoti Man Ki Baat
by Jayanti Sen 'Meena'

ISBN : 978-93-5518-144-2
Poetry Collection

प्रथम संस्करण 2022

मूल्य : ₹ 150

थॉमसन प्रेस (इंडिया) लि. में मुद्रित

वाणी प्रकाशन का लोगो मक़बूल फ़िदा हुसेन की कूची से

जयन्ती सेन 'मीना' के लिए

जब दर्द उबलते हैं तो दिल से निकली हुई भाप कविताओं की शक्ल लेने लगती है। इन कविताओं को पढ़कर कुछ ऐसे दर्दों का एहसास होता है।

मैं शायर के दर्द को सेंक तो नहीं सकता, लेकिन उनकी कविताओं को दुआ देनी पड़ती है।

-गुलज़ार

‘साथी’ और ‘शिवा’ –
मेरे पूजनीय माँ और बाबू को
अपने श्रद्धा के फूल अर्पित
करते हुए...

कुछ कहना है...

ज़िन्दगी में ऐसे कई पड़ाव आते हैं जब इंसान अपने मन की बात कहने के लिए, सही मौके और सही माहौल की तलाश में रहता है। बहुत छोटी उम्र से ही मैं भी अपनी मन की बात कहने के लिए जगह तलाशती थी और वह जगह होती थी—सीढ़ियाँ चढ़कर अपने घर की छत पर पहुँच जाना और चाँद के रू-ब-रू होकर मन में आई बात को साँझा कर लेना।

बढ़ती उम्र के साथ साथ चाँद से बात करने की मेरी इच्छा भी बढ़ती रही और मैं अपनी चाहत को एक किताब के रूप में बदलने की तमन्ना करती रही। आज ये 'मन की बात' के रूप में आपके हाथ में है तो इतना भी कहना चाहती हूँ कि चाँद से मेरी दोस्ती भी अब और गाढ़ी होती जा रही है।

मेरी इस तमन्ना को साकार करने की पीछे मेरे पति श्री निलोय सेन और मेरी दो बेटियों—आलेया सेन और तौनाया सेन और बेटे अमित शर्मा, बहन और कहानीकारा श्रीमती आरती बोस 'शुभा' का बहुत बड़ा हाथ है। मैं इनका तहे दिल से शुक्रिया अदा करती हूँ। किताब के कलेवर को सजाने संवारने और डिजाइन बनाने में श्री निलोय सेन का पूरा हाथ रहा और उनके सहयोगी श्री शौलेन बर्धन का साथ रहा। मैं इन दोनों की बहुत आभारी हूँ। अगर मेरी कविता आपके मन से मेल खाए, तो दो पंक्तियाँ लिखकर मेरा उत्साह बढ़ायें—मैं यह उम्मीद रखूँगी।

बहुत-बहुत धन्यवाद।

अनुक्रम

मेहरबानी

मुझ पर...
इतनी सी मेहरबानी करना कि,
तुम उससे कुछ भी ना कहना
वर्ना मेरा सहेजा हुआ दर्द बिखर जायेगा
और मेरा जिया हुआ दर्द भी
पराया हो जायेगा।।

मेरी उम्मीदें, मेरा अधूरापन
मेरी कुंठायें और मेरा अपराध बोध–
सबका सब मेरे सीने से निकलकर
बाजार में दुकानों की तरह सज जायेगा,
और फिर मेरे दर्द को खरीदने के लिए धक्का-मुक्का करती
और मोल-भाव तय करती भीड़ को
तुम यह भी तो ना कह सकोगे कि
हर रिश्ता, उस खूबी से निभाने के लिए नहीं होता।
हर सम्बन्ध, सिर्फ उसी में बँध जाने के लिए नहीं होता।

कुछ रिश्ते, पराये होते हुए भी, खुशबुओं की सौगात लेकर आते है
और कहीं कुछ रिश्ते अपने होते हुए भी,
भीड़ में दो अजनबियों की
तरह रह जाते हैं।

जिसमें नज़रें तो मिलती हैं
माफी के लिए लब भी थरथराते हैं लेकिन,
सीने का बोझ और झुकी नज़रें, खालीपन का गहरा एहसास
देकर आगे बढ़ जाती हैं।
इसलिए तुम मुझ पर इतनी सी मेहरबानी करना
कि उसे कुछ भी ना कहना।।

ज़रूरी है

दिल से दिलों तक पहुंचने के लिए
क्यों धड़कनों का होना ज़रूरी है ?

ज़िन्दगी में खुशियाँ बटोरने के लिए
क्यों ग़मों का बरतना ज़रूरी है ?

आदमी, आदमी क्या,
जो आदमियत की बू न पहचाने ?
आदमी की आदत समझने कि लिए
बस आदमियत का होना ज़रूरी है।...

ज़िन्दगी, रात दिन वक्त के क़ैद में भटकती है
इसका मलाल है लेकिन,
वक्त का हिसाब मिलाने के लिए
इस, क़ैद में भटकना ज़रूरी है।

जहान भर के नजारे बख्श कर
उसने इन्सानों की झोली भर तो दी पर,
सितारों की चमक परखने कि लिए
बस, निगाहों का होना ज़रूरी है....

ज़रूरत

उसके जज़्बात बहुत गहरे और धारदार हैं
जिसने उसके गले पर हावी होकर,
छुरी सा चल कर
उसे गूँगा बना दिया।

उसकी टीसती आँखों में
आँसुओं की झड़ी लगाकर,
एक अंधेरी गुफा में ठेलकर
उसे अंधा बना दिया।

उसके एहसासों को आँधी-तूफानों में बहाकर,
दुनियाँ के शोर-गुल में फँसाकर
उसे बहरा बना दिया।

आज सवेरे जब उसके अधूरे जिस्म ने
मेहर की आस में,
'पूरे जिस्म वालों' की तरफ अपना हाथ बढ़ाया तो
उनका हल्का सा 'ऊँह' उसे बहुत गहरे तक
छीलता चला गया।

उसके मन के हाहाकार ने
गूँगे अंधे और बहरेपन के बावजूद
अपने सीने पर रखे बड़े से पत्थर को
पूरी ताकत से हिला दिया
जोर की एक चीख ने अचानक

दसों दिशाएँ गुंजा दी
जो कह रहा हो-
पलटकर देख लो मुझे
करीब से जरा छू तो लो
उसी कुदरत का करिश्मा हूँ
जिसने तुमको, मुझको सबको बनाया
फर्क इतना ज़रूर रखा, भूला नहीं वो
तुम्हें तो फुर्सत में बनाया और
न जाने क्यों मेरी बारी आते ही,
जल्दी से अपना काम निबटाया
जिसमें आँख, कान और
यहाँ तक कि कुछ कहने की ही
ज़रूरत न रहे।

नहीं आया

इशारों इशारों में,
न बुलाओ मुझे तुम,
अभी अपने पैरों मुझे चलना नहीं आया।
ज़मीन का हर कोना हथिया लो ना धोखे से...
अभी मन की बाज़ी को पलटना नहीं आया।
तुम्हारा क्या है?
तुम तो हर बात के बाज़ीगर हो!
तुम्हें क्या कमी?
हर काम के कारीगर हो !
उम्मीदें न पालो मुझसे अभी से
अभी अपनी तरफ ज़माना नहीं आया।

मेरी नाव के हसीन मांझी बनकर
किस्मत के मंझधार का
किनारा बने तुम ।
कहीं न छोड़ जाना वीरान सायों में,
अभी जंगलों में भटकना नहीं आया ।।

क्यों होता है?

हम तो शायद साल भर में
सिर्फ दो बार ही मिलते हैं।
सूरज के उगने से लेकर,
सूरज के ढल जाने तक
साथ-साथ हम रहते हैं—ये एहसास क्यों होता है?

साँस 'भरने' और 'छोड़ने' को
लोग ज़िन्दगी कहते हैं
कुछ न कहकर, मिट जाने को
लोग बन्दगी कहते हैं पर-
सूनेपन के सन्नाटे में ख्याल तुम्हारा आते ही-
हर काम बदल क्यों जाता है?

पहली बार मिले हम कब थे
कौन भला यह याद करे?
मन की बात न कह पाये थे
अब क्यों ये फरियाद करें?
बस बचपन के भोलेपन की
छुअन अभी भी बाकी है-
बस याद यही रह जाता है।

चाहत की तस्वीर बनाकर
प्यार से उसको रंग डाला
आसमान के सीने पर,
सियाही से किसने लिख डाला?
तारों की बारात सजी पर
मन चुपके से रोता है।।
ये एहसास क्यों
होता है?

कैसे तुम्हें बतायें

रास्ते नहीं गुज़रते, हम-तुम गुज़र जाते हैं
कैसे तुम्हें बतायें, वो क्या क्या कर जाते हैं?
कैसे तुम्हें बतायें?

खुले हुए दिलों में दीवारों की कमी नहीं
दुनियाँ के बाजार में खरीदारों की कमी नहीं
लूटे हुए सामानो से, सब सौदागर बन जाते हैं
कैसे तुम्हे बतायें ?

खिड़की, दरो दीवार
और उस पर छत बनवाया था
हमने तो बड़े शौक से
अपना घर सजाया था

बेग़ैरत वही निकला, घर छोड़कर चल दिया
घर के हर कोने में यादें जोड़कर चल दिया
इस तरह हज़ारों घर के
वो मालिक बन जाते हैं
और कैसे तुम्हें बताएँ ?

उनकी फितरत ऐसी कि
रास्तों में मिल भी जायें तो मुँह फिराले
कहीं कोई धब्बा, कोई बदगुमानी
कोई पुराना रिश्ता न कहीं
सर उठाले-
दफ्न हो गया जो कब्र में कहीं
उसके लिए सोचने की कोई ज़रूरत नहीं
ज़िन्दगी भर वो इन्हीं उसूलों पर
इतराते हैं
क्या क्या तुम्हें बताएँ
वो क्या कुछ कर जाते हैं ।।

ग़ुनाह

बीते हुए वक्त की ज़मीन पर उसके नाम का
एक छोटा सा पौधा, रोपकर
उसने गुनाह का पहला पन्ना लिख दिया

हालातों की तेज आंधी में
गड्ड मड्ड हुए सब पन्ने
जब रस्ते भटक कर रह जायेंगे
रेगिस्तानी रेतीले टीलों पर
सर पटक पटक कर रह जायेंगे

तब तक उम्र सरक सरक कर
बहुत आगे बढ़ चुकी होगी,
और गड्ड मड्ड हुए पन्नो की टोली
शान्त होकर पसर चुकी होगी।

तब किसी भरी अदालत में
कोई जज अपने रौबीले अंदाज़ में
किसी गरीब बेक़सूर को,
फांसी की सजा सुना रहा होगा।
और झूठे गवाहों का जिरह बख्तर पहन कर
वो असल गुनाहगार, बाइज़्ज़त बरी होकर,
अदालत से बाहर जा रहा होगा ।।

मैं और तुम

कुछ तुम सोचा करो, कुछ मैं सोचा करूँ
ज़रूरी तो नहीं, हम एक सा सोचें
तुम्हारी सोच
जो सिर्फ तुम्हारी हो, तुम्हारी अपनी
तुम्हारे आदमियत, अहं और दंभ का नमूना
जिसमें मेरी शख्सियत मेरी ख्वाहिशों की
कहीं कोई झलक भी न दिखे।

न पकड़ में आये तुम्हारी बदगुमानी
न कहीं कोई सिलसिला टूटे लगे,
सब अच्छा ही अच्छा है ।

रंगीन दामन फैला लो हवा में
कोई बदनुमा दाग उभर कर न आये
चुनकर सलवटें ज़्यादा न हटाना
बिखरी बारीकी नज़र में न आये।

मेरी सोच क्या है कुछ भी तो नहीं
शुरू से आखिर तक
नुमाइश और मजमा
जिसे टूटना है, बिखरना है
और खत्म हो जाना है।

देखो टूटती हुई कड़ियाँ जुड़ने न पायें
अलग अलग सोचों की तलाश में
जुदा हुए मन
फिर से भटक कर, किसी आस में
पुरानी मंज़िल की तरफ
मुड़ने न पायें ।

ये सच है

फलक़ की जानिब बाँह पसारे
पुख्ता ज़मीन पर खड़े थे हम।
तभी पहाड़ों से सैलाब उतरा,
और सब कुछ बहाकर ले गया।।

साँसें उखड़ रही थीं, तब भी यही यकीं था
इसे मौत नहीं कहते अभी वो हमसे दूर था,
बाजू थक चुके थे और साहिल अभी दूर था
आँखें बोझिल थीं हम पर छाया सुरूर था ।
तभी किसी तैरती आवाज़ ने
अचानक हमें बुला लिया,
साहिल पर खड़े अंजान ने
दोनों बाहों में थाम लिया।
यह उस दिन की बात है,
जो अब तक भूलती नहीं,
ज़िन्दगी की रफ्तार तब
मज़े में आगे बढ़ती रही ।।

क्योंकि अब मेरी अनसोई आँखों ने,
उस दिन से, सपने देखना छोड़ दिया।
अब भी समंदर में डूब रही हूँ पर मैंने,
साहिल की आरज़ू तलाशना छोड़ दिया।

हमला

वो अनजाना, अन पहचाना
अनदेखा इक अजनबी था।
कोई नाम नहीं था उसका
वो तो रमता-जोगी था।।

वो जिसके पास भी जाता, बहलाता फुसलाता
बिन जताए, चुपके से उसकी आँखों में बस जाता
अनोखा काम था उसका...
जिस पल कोई उसको अनजाने में छू लेता
'उँगली पकड़कर, पहुँचा पकड़ने' जैसा कुछ हो जाता
वो धीमे से, शरमाते
उसके जिस्म में, बस जाता
यही काम था उसका...

उस दिन पाकर उसको एक शाम में अकेली,
पास पहुँच कर उसके वो करने लगा अठखेली,
वो समझ सकी ना उसको
बस जा कर पास थी बैठी।
उसका दम घुटने लगा है,
यह सोच जब मन में पैठी,
वो हँसने लगा जोरों से

ये देख कर लड़की चौंकी।
जोरों से छींक आई और
बदन में तपिश सी झलकी,
हो गया काम था उसका।

क्या हो गया था उसको?
अभी तो चंगी भली थी।।
वो माथा पकड़े अपने
घर को लौट चली थी।।
ये बनकर उसका मेहमान उसकी उँगली
पकड़ चुका था,
ये हमला बहुत हसीं था
उसके तन को जकड़ चुका था।
दो चार नहीं, दस बीस नहीं,
लाखों पर फैला था जाल उसका
पिछ्ले बरस ही आया था कोविड 19 था नाम उसका ।।

आसान है

ये तो एहसास हैं जो काम बिगाड़ देते हैं
वर्ना जि.न्दगी को जीना, बहुत आसान है।

कहीं मुश्किल में पड़ जाओ तो,
उससे पलटकर अपना मुँह मोड़ लो।
किसी आसान मंज़िल की तलाश में
बीते दिनों से कटकर उन्हें वहीं छोड़ दो।

ये तो तुम हमेशा करते आये हो
इससे तुम्हारी पुरानी पहचान है,
यूँ भी जी कर देख लो, जीना बहुत आसान है।

डूबने, भटकने की अपनी इस ज़िद को
ज़िन्दगी की गहराई का नाम दे दो।
कहीं वफा पर यकीन न हो जाए,
उसे हरजाई का नाम दे दो।

कभी साथ मिल कर चलने की
सब उम्मीदें तोड़ दो
इसमें वक्त नहीं लगता,
ये करना बहुत आसान है।
ये तो एहसास हैं जो काम बिगाड़ देते हैं,
वर्ना ज़िन्दगी को जीना बहुत आसान है।।

आवाज़

कुछ दिन पहले की है बात।
सरपट दौड़ते राहों पर,
ठिठकते मुड़ते मोड़ों पर
कोई मेरे कानों में बोला,
रस अमृत का यूँ घोला
लगी सुनने मैं वो रुक कर-

तपती दुपहरी की बेला में
घुमड़ते मेघों का विस्तार,
बरसते बारिश की रिमझिम में
बजने लगा सिसकता सितार

तोड़कर बंधनों की सीमा
हुआ जब रुदन जरा धीमा,
ठुमकती आई वहाँ बहार
लचक कर बोली नखरीली नार
"मैं तो चली पिया के द्वार
बुलावा उनका मुझे मिला"

पहाड़ी राहों से गुजर कर,
अनजाने बन्धन में बन्ध कर,
नदी ने अपने पाँव बढ़ा कर
सबसे यही कहा तुनक कर-

“अरे तो मैं हूँ कब खाली
रिझाना मुझको फूलों को,
ज़मीन पर लानी हरियाली।”

आसमाँ झुक कर बहुत हँसा
धरती भी हुई शर्म से लाल,
दोनो अपने मन के आँगन में
छिड़कने लगे अबीर गुलाल।
बोली धरती घूँघट डाल, सुनकर हुआ आकाश निहाल
“तुम मेघों के उस पार बसे,
उस गगनराज्य के राजा हो
और मैं इस पृथ्वीतल पर फूलों की पटरानी हूँ
चलो हाथ बढ़ा कर दोनों, इन सबको समझाते हैं
हम दूर दूर से ही लेकिन सबके जीवन को हर्षाते हैं
जीना है तो हमें देख कर, यह बात समझ लो
कुदरत के रिश्तों के असल जज़्बात समझ लो।”

वो ज़िन्दा होता

मैं इस हत्यारी तारीख को, याद नहीं रखना चाहती
कैसे पर भूल जाऊँ, मैं वो ख़ास था बहुत अजीज़ था।
वो हँसता था तो फूल झड़ते थे, वो दिल के बहुत करीब था
वो हँसता था मुस्कुराता था, वो सबके प्यार का प्यासा था।
जितना वो औरों को चाहता, मन उसका नहीं भरता था
उसे और चाह थी औरों से, वो पूरे मन से प्यासा था।।

उसे ललक नहीं थी दुनिया पर अपना धौंस जमाने की
उसे चाह बहुत थी दुनिया को अपने गले लगाने की,
फिर क्या हो गया तारीख क्यों उसकी क़दर ना समझ सका?
उससे, उसका सब कुछ छीना, और कुछ भी उसको दे ना सका?
उसने कुछ और नहीं बस प्यार माँगा था
अपने लिए उनका विश्वास माँगा था,
कपट भरी इस दुनिया से
छल से परे, प्रेम का उपहार ही माँगा था।

कहाँ चूक हुई, कहाँ गलत हुआ?
सबने चेहरा क्यों मोड़ लिया?
'छोटे शहर का रहने वाला' कह कर उसका दिल तोड़ दिया

ये महानगर के दम्भी, बस सरपट दौड़ लगाते हैं
दौड़ में कोई पिछड़ जाए कब अपना हाथ बढ़ाते हैं?
वो अन्धेरी गलियों में था, बिना साथ के भटक चुका था,
क्यों किसी ने यह न समझा, कि वो जहर गटक चुका था
क्यों किसी ने उसका हाथ पकड़कर,
उसे अपनी तरफ नहीं खींचा?
क्यों उसके डरते दिल को, अपने सीने में नहीं भींचा?
क्या होता, जो यह कर लेते?
उसके मन में आग भर देते
वो ऐसे न चुप चाप मर जाता,
कुछ कहता, कुछ कहकर जाता
वो बीच हमारे ज़िन्दा होता,
नाचता-गाता मन बहलाता
'मैं ज़िन्दा हूँ', 'ज़िन्दा हूँ कहता', और
सचमुच आज वो ज़िन्दा होता।।

खुशहाल मौत

जीने से थककर, जब ज़िन्दगी ने
'खुशहाल मौत' की तरफ अपना हाथ बढ़ा दिया।
'डूबते तिनके' की साँस उखड़ चली थी
समन्दर में लेकिन,
उसने आगे बढ़ कर ज़िन्दगी को गले लगा लिया।
इसने कहा "बहुत दूर का सफर,
मैं भी तो तय करके आया हूँ
ऊपरवाले की ज़िद ही रही होगी,
तभी तो तुम तक बहकर आया हूँ"।

"आओ अब हम तुम मिलकर
एक साथ बहें,
समन्दर के सब तूफान मिल कर
एक साथ सहें,
तुमको क्या करना है, कुछ भी तो नहीं—
सिर्फ अपना मन बनाना है
और अपना हाथ बढ़ाना है,
और बस मुझ तक आ जाना है।"

ज़िन्दगी यह सुनकर ठिठक गयी
डूबते उतरते ठहर गयी,
इतना मोहक बुलावा पा कर
वो उम्मीद की चाह में

बहक गयी,
कहाँ से जाने, सीने में उसके
प्राणों का एक फौव्वारा फूटा।
मन में बिलखते रुदन का
एक बड़ा-सा परबत टूटा।
बाहों में जोश समेट कर उसने,
ज्यों ही अपना हाथ बढ़ाया
"क्या करती है, क्या करती है?
यह सब अब काहे करती है?
लेकर अपना भार देह का,
क्यों तिनके पर यूँ धरती है?
तुम तो अब तक चुक चली हो
मरण के आगे झुक चली हो,
अब तिनके से कातर मोह क्यों?
जीने की अब नयी टोह क्यों"?

"पीछे मत मुड़ आगे बढ़ जा
है चाँद क्षितिज पर
उस पर चढ़ जा,
दिशा बदल ले, जरा संभल ले
डुबा दे हस्ती, उसे छोड़ दे"

आज पहुँच कर मरण द्वार पर
मिली उसे जीवन की सीख,
बिन माँगे मोती मिले पर
स्वार्थ से मिले न
प्रीत की भीख।।

बदल लिया

बदल लिया है, हाँ मैंने बदल लिया है।
अभी अभी कौंधा था मन में,
और अभी अभी ही बदल लिया है।।

अपने मन के सिंहासन का
मैंने खाँचा बदल लिया है,
हाँ बदल लिया है।

जिस आँगन में रोपे थे मैंने
अनगिनत पौधे हरे-हरे,
खुशबू की चादरें चढ़ाई
और रंगत की झालरें।
उसी आँगन की ईंटों का
मैंने ढाँचा बदल लिया।
अभी अभी सोचा था मन में
बस झटके में बदल लिया।।

बरस बरस कर बरसी थीं
बरसातें उस दिन, रात भर,
हूक उठाकर तरसीं थीं
लाखों आहें रात भर।।

सिसकते बिलखते सपनों का
यों ही सांचा बदल लिया,
और अभी अभी आया था मन में
एक झटके से बदल लिया।
हाँ बदल लिया।।

वापसी

बिन कुछ लिए दिये ही वो
अपने मन की बात बोला,
ठहरते, ठिठकते, संभलते, सिकुड़ते
उसने हँस कर दिल का राज़ खोला।
" क्या आप जानते हैं, मैं कौन हूँ
कहाँ से हूँ?
जो आप पूछें तो बताऊँ "।।

गोरे बदन वाला वो अजनबी मुस्कुराया,
मेरे मन में एक शक का रेला सा लहराया,
गाँव के किसी पुराने जानकार का बेटा होगा
नौकरी की तलाश में मेरे पास भेजा होगा।

आँखें फैला कर मैंने सवाल किया
कहो किसने भेजा?
कैसे याद किया?

" किसी गरज़ से नहीं, कोई मक़सद भी नहीं
पहचान का मोहताज हूँ, ऐसी आदत भी नहीं
पर फिर भी सामने आपके हूँ
कोई बात तो होगी,

पहली मुलाकात ही सही
कुछ बात तो होगी।
माँ ने चलते वक्त मुझे
बस इतना बतलाया था
किसी करीब वाले का
हवाला जताया था।
उनकी शान में उम्र भर
कोई गुस्ताख़ी मत करना,
सब कुछ हैं वो तेरे
बस याद इतना भर रखना"
इतना कह कर उसने क़दमों को
मेरे थाम लिया–
मैंने भी हौले से उसकी
माँ का नाम लिया।।

"ओहो! तो तुम उसके बेटे हो
तो मेरे भी 'अपने' हुए
कैसी है वो? बिन देखे अर्सा हुए"।
"अब उनकी बात क्या करना?
बीती रात गुज़र गयी
नाम बताकर आपका
चुपचाप वो सिधार गयी"।

"माँ की राख बहाने अब
गंगा जी को जाता हूँ,
आखिरी वक्त' तुम्हारे भी
वापिस लौट कर आता हूँ"।

तपिश

पटरियों पर से दौड़ती हुई एक रेलगाड़ी,
धड़धड़ाती हुई मेरे सीने पर से
गुज़र जाती है और-
अपने पीछे जलते कोयलों के अनगिनत टुकड़े,
और सीटी की कुछ लम्बी चीखें
छोड़ जाती है।

मैं उन चीखों में लपेटकर,
जलते कोयलों को अपने सीने में दफ्न कर लेती हूँ,
और एक खतरनाक खेल के
अंजाम की पहल कर लेती हूँ।

रफ्तार से दौड़ते गाड़ी के पहिये,
कभी मन में उमंग भरते रहे
और कभी पटरी से उतर कर
खौफ का मंज़र बनते रहे
पर फिर भी मैं अपने शौक पर,
हर हाल में कायम रहती हूँ,
और सीने में दफ्न कोयलों से अक्सर
मन की बात कर लेती हूँ।

आज भी ज़िन्दगी का सूनापन जब,
बहुत कुरेदता है, तब ना जाने क्यों–
बरसों से संजोये राख तले,
कोयलों की झलक पा लेती हूँ।
और उसे फिर से ये सोचकर
उसी जगह, बहुत सहेजकर
रख देती हूँ कि,
न जाने ज़िन्दगी के किस
'सर्द मोड़' पर
इन जलते कोयलों की
तपिश की ज़रूरत पड़े।।

मोमबत्ती

क्या तुमने कभी किसी मोमबत्ती को,
जलते हुए बहुत ध्यान से देखा है?

धूनी सिर पर रमाए हुए
मसान की खामोशी मन में बसाये हुए,
धीमे धीमे, पल पल उसे सुलगते देखा है?

बदन से टपकती मोम की लकीरें
टेढ़े मेढ़े रस्तों से पिघलती हुई
यूँ दिखाई देती हैं–
मानो आसमान का धुआँ
सुलगती लौ से तपकर
टपकती धार में बह रहा हो।
क्या किसी वीरान शाम में किसी के घुटन को,
मोमबत्ती की तरह पिघलते देखा है?
कहीं आते जाते, किसी मोड़ पर
उसकी सिसकी कभी,
सुनाई पड़ी है किसी को?
उजालों और रौशनी की मलिका,
इस मोमबत्ती की सरगोशी
यूँ ही कभी सुनाई पड़ी है किसी को?

कि लो, मैं जल चुकी, कोई और मोमबत्ती जला लो।

कि लो मैं जल चुकी, कोई और मोमबत्ती जला लो
तुम्हें तो अंधेरों की आदत नहीं है।
कि लो मैं जल चुकी, कोई और मोमबत्ती जला लो
तुम्हें तो अकेलेपन की आदत नहीं है।।

कि लो मैं जल चुकी, कोई और मोमबत्ती जला लो
तुम्हें अब मेरे संग की ज़रूरत नहीं है।

मोमबत्ती के जलने और ख़त्म हो जाने का किस्सा
बहुत आम और पुराना सा है।
ज़रूरत तो इस बात की है कि
अब यह नज़रिया बदला जाए,
या फिर मोमबत्तियों के बिकने का
ये पूरा सिलसिला बन्द हो जाए।।

सुना है, ज़िन्दगी की लौ बुझने से पहले
उसमें खुशनुमा बहार महकती है।
डर है उसके नक्शे कदम पर चल कर
मोमबत्ती कोई आशियाँ जला न दे ।।

समझौता

कुछ दिनों से रह रह कर
मुझे एक सपना दिखता है,
इस सपने में चटक वाले रंग नहीं
कोई सिलसिला और कोई ढंग नहीं।

हो सकता है तुम्हारे लिए इसकी कोई कीमत न हो,
इसके वजूद का एहसास या कोई अहमियत ना हो।
लेकिन मुझे मेरा यह सपना बहुत प्रिय है,
लगता है ये मेरे और सिर्फ मेरे लिए है।।

मुझे दिखती है एक जलती मशाल।
कोई सधे धीमे कदमों से
मेरी तरफ आता है,
मेरे चेहरे की बारीकियों को
देखता है, परखता है और
फिर लौट जाता है।।

मैंने उसे आवाज़ नहीं दी कभी,
और न ही कभी उसका चेहरा ही
देख पाई–
क्योंकि रौशनी बिल्कुल मेरे
आँखों के करीब होती है।
और मेरे अँधेरे,
दूसरों की रौशनी से
समझौता नहीं करते।।

धूप के चौकोर टुकड़े

किससे टकराना चाहते हो? किससे?
अपने से, अपने हालातों से
या फिर अपने जज़्बातों से, किससे?
और क्यों गुम हो जाना चाहते हो
रात की सियाही में,
या गुमनामी के समंदर में, क्यों?

क्या तुम्हारे मन में यह तस्वीर साफ है?
क्या तुमने यह ठान लिया है कि तुम
समंदर के तूफान से भिड़ जाना चाहते हो?
पर क्यों?

क़दम दर क़दम नहीं तेज हवाओं की तरह,
उसके सीने से टकरा जाना चाहते हो?
चूर चूर कर देना चाहते हो तुम,
उसके दुस्साहस का पर्वत,
पर क्यों?

चाहे वो किसी भी शक्ल में हो
उसकी कोई भी तस्वीर हो
वो कई बवंडर हो या अन्दरूनी शमशीर हो।
जो तोड़ के रख दे लोहे की मीनारों को
झिंझोड़ के रख दे आसमानी सितारों को।।

मुझे मालूम है खालीपन तुम्हारा सबसे बड़ा दुश्मन है,
उसने तुम्हारे वजूद को तार-तार कर दिया है।
पर यह भी तो सच है, तुमने क़ुदरत के खज़ाने से
एक दमकता 'कोहिनूर' पा लिया है,
कहो क्या इन सबके बावजूद तुम अपनी बात पर अड़े हो?
भले कुछ हो जाए, जो ठाना है उसी राह पर खड़े हो?
अगर ऐसा है तो हम भी,
तुम्हारे साथ खड़े हैं,
सिर्फ तुम ही नहीं हम भी
मुश्किलों से लड़े हैं।
फर्क सिर्फ इतना है की धूप के चौकोर टुकड़े
हमें अब नहीं डराते,
और तुम? अपनी ही परछाई से
घिरकर, गुम हो जाना चाहते हो।।

अहल्या

सिया संग, भाई सहित मेरे राम!
तुमने राजपाट छोड़कर, बनवास का
रास्ता अपनाया था-
शायद तुम अपनी आने वाली पीढ़ियों को
त्याग और आदर्श की राह दिखा रहे थे।
पथरायी हुई, अहल्या को अपने
चरणों से स्पर्श कर, हे पुरुषोत्तम!
तुम युगों-युगों से दर्प से भरपूर,
महिमा मण्डित बने रहे थे।।
परन्तु हे करुणा निधान!
क्या कभी तुम इस सच को जानकर
स्वयं को क्षमा कर, पाओगे कि-
जिस शापिता, लाञ्छिता अहिल्या को
तुमने पैरों से ठेलकर-
फिर से जीवन-दान दिया था,
उसे, तुम्हारे ही राम-राज्य के आदर्श समाज ने,
क्रूरता का कोड़ा, मार-मार कर,
अपने पैरों तले रौंद दिया है।।

आज उसने बौखलाकर, तुम्हारी अवहेलना कर,
तुम्हारे द्वारा किये गये पुराने उपकार का बदला,
पूरी तरह से चुका दिया है।
उसने इस इमारत की सातवीं मंज़िल की

तीसरी खिड़की से कूदकर,
तुम्हारी कृपा के बोझ से
आज स्वयं को मुक्त कर लिया है।।

इतिहास के पन्नों में युगों-युगों तक,
तुम्हारी दया और महिमा की कहानियाँ
दोहराई जाती रहेंगी–
परन्तु क्या कोई, कभी सातवीं मंज़िल की,
उस नीले रंग की तीसरी खिड़की की
आप बीती से,
यह सबक ले पायेगा
कि 'हर दान' सर माथे नहीं लगाते हैं।
'दान' तो सिर्फ देने वाले की
महिमा को ही बढ़ाते हैं–
क्या जाने,
उसे पाकर तुम्हारा जीवन
फिर से पथरा जाए,
और आज वो राम कहाँ
जो आकर फिर से ठोकर लगाये?

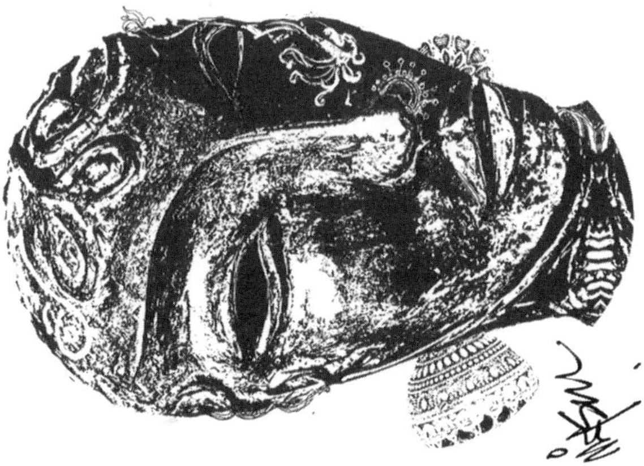

कुर्ता

तुमने न जाने मुझे क्या समझा।
कभी सफेद चादर, कभी पीली पगड़ी
और कभी पाँव का लाल गमछा समझा।

मन खुश हुआ तो सीने पर सजा लिया,
प्यार से सूँघ कर, माथे पर बैठा लिया,
गुज़रे उन पलों को कैसे मैं भूल जाऊँ
जब मुझे तुमने फुलकारी रेशमी कुर्ता समझा।

अब मन ठीक नहीं, वो चंचल है, वो पागल है,
वो, असफल प्रेम में टूटा है, वो घायल है।
तब कुर्ता झटक कर सीने से
खूँटी पर उतार कर टाँग दिया,
सच कहो, मुझे उस पल तुमने
क्या फटे टाट का टुकड़ा समझा?

ये न सोचा ये न समझा
कुर्ते पर क्या बीत रही होगी,
बदले आज के रुख पर बेचारी
किस्मत को कोस रही होगी।
"पर नहीं नहीं, अब और नहीं,
पहने और टँगने के बीच कहीं
एक फर्क पैदा हो गया, अभी यहीं"।

खूँटी पर टँगे रहकर कुर्ते में
लाल चीटियों ने घर बना लिया है
कुर्ते ने भी अकेलेपन से थक कर
लाल चीटियों को ही
अपने गले लगा लिया है।
जमा और घटा के इस खेल में
तुम अब एक शून्य से ज्यादा
कुछ भी नहीं रह पाओगे
तुम्हारी मनमर्ज़ियाँ तुम्हें
कुर्ते के करीब पहुंचने नहीं देंगी
और तुम धीरे धीरे, अपनी
ज़िन्दगी से रीतते चले जाओगे।।

आज तक

चाहे न बुलाओ कभी तुम
चाहो तो, भूल जाओ मुझे,
उसी दर पर खड़ी हूँ
जहाँ छोड़ गये थे कभी,
सर अपना झुकाये मैं आज तक।

किसी और मंज़िल की चाह न रखी कभी,
किसी और राह की तरफ बढ़ाया नहीं कदम।
उसी ज़मीं की जानिब नज़रें आज भी झुकी हैं,
जहाँ लौटने का वादा था पर ना लौटे तुम,
ठीक उसी जगह, दीया आस का जलाए
तुम्हारी ही राह देखती हूँ मैं आज तक।।

कोई आवाज़, कोई आहट या सरगोशी,
न हिला सकी उस दर से मुझे
रह-रह कर चौंक जाती हूँ
नज़रें उठ जाती हैं दूर तक,
सन्नाटों की गूँज से टकरा कर–
फिर से लौट आती है, थक कर वो आज तक।।

नज़रों को सहेज कर मैं
पलकों में कैद कर लेती हूँ,
फिर से किसी गुमनाम आहट से
भटक कर चल न दे ये कहीं,
यही सोच कर दिल के दरवाज़े का पल्ला,
बन्द कर रखा है मैंने डरकर आज तक।।

झूला

एक खालीपन, मन के किसी कोने में,
धीमे धीमे उसे झूले में झुलाता रहता था।
खेल खेल में मन भी, उस रफ्तार की मस्ती में डूब कर
ज़िन्दगी के अलग अलग मायनों की,
रंगीन तस्वीरें बनाता रहता था।।

जब कभी झूले की रस्सी चरमराती वो चौंक कर
बीती यादों की खिड़की से कूदकर,
'आज' की दहलीज़ पर आकर खड़ा हो जाता था,
आड़ी-तिरछी लकीरों और गोल घेरों में
बन्धे खुद को आज़ाद करने की
नाकाम कोशिशें करता रहता था।।

वक्त यूँ ही सरकता रहा
और खालीपन का दायरा
अपनी हदें बढ़ाता रहा।
उसके मन की जंज़ीरों को
कभी ढील देता और कभी मजबूती से
कसता रहता था।।

दिल में गूँजते खालीपन के सन्नाटे,
कभी उसे जोरों से बियाबानों की तरफ उछाल देते

और कभी शोरगुल भरे बाजारों के
चौराहों पर खड़ा कर देते,
जहाँ इस दुनिया के अंजान बाशिन्दे
और रफ्तार की सड़क से गुजरते राहगीर,
उसे धक्के से ज़मीन पर गिराकर
पैरों तले रौंदकर, आगे निकल जाते।।

वक्त गुज़र जाता, न जाने
कितना वक्त गुज़र जाता
वो होश में आकर फिर से,
खालीपन का दामन थाम लेता था।
यहाँ उसे, किसीसे चोट लगने का डर
या फिर ठुकराए जाने की परवाह न थी।।
वो धीरे धीरे उस दुनियाँ से निकल कर
अपने झूले में बैठ जाता था,
और फिर से पहले की तरह पुराना,
वही सिलसिला शुरू हो जाता था।।

पगडण्डी

मेरे घर के सामने से एक मटमैली
छरहरी पगडण्डी गुजरती है,
वो कहाँ से शुरू होकर कहाँ तक पहुँचती है
मुझे मालूम नहीं।।

उसके दोनों तरफ फैली हरियाली
और सर पर तना नीला आसमान
क्या जहाँ तक मेरी नज़रें जाती हैं, वहीं तक हैं?
या दूर दूर तक बसे सभी घरों तक वो सबको पहुँचा देते हैं,
मुझे मालूम नहीं।।

भोर होते ही बकरियों के गले की टुनटुनाती घंटियाँ
मुझे नींद से उठा कर अपनी तरफ खींचती हैं
गुत्थम-गुत्था होती बकरियों का झुण्ड
पगडण्डी पर कूद फाँद कर किस गाँव की तरफ जाती हैं
मुझे मालूम नहीं।।

छोटी सी मुनिया अपने भैया के साथ
साईकिल पर सवार होकर
रोज नौ बजे गुजरती है।
उनकी किलकारियों से थकी पगडण्डी में
फिर से नयी ताजगी भर जाती है
जिस दिन साइकिल नहीं गुज़रती

पगडण्डी पर क्या गुज़रती है
मुझे मालूम नहीं।।

मेरा भी मन करता है कि मैं पगडण्डी से जाकर मिलूँ,
उसके पास जा कर, मेरे उस तक ना आने का राज खोलूँ।
कहूँ कि बिस्तर से उतरकर खिड़की तक पहुँचने में भी–
मुझे किसी के साथ की ज़रूरत होती है
तुम इतनी दूर हो, तुम तक पहुँचने के लिए
पैरों की ज़रूरत होती है,
जो मेरे पास नहीं।
और ये बात पगडण्डी को मालूम नहीं।।

जश्न

साल दर साल बदलती तुम्हारी दिलचस्पियों को
क्या कहूँ?
अब तक न उबर सकी मैं
उन परछाइयों के घेरों से,
कहीं गिरफ्तार न हो जाओ तुम
ज़िन्दगी की सरगर्मियों में
तुम्हें बेवक्त इशारों का छलावा
बुलाता रहा, छुप छुप कर दूर से।

तुमने चाहा दुनिया तुम्हारी हर बात पर हामी भरे,
तुम्हारे हर इशारे पर, झुक कर सलाम करे,
आगाज़ तो अच्छा था, यही कुछ हो रहा था,
जाने कब राह भटककर, हालात बदल गये
तुम अपनी सोच से हार कर झुकते चले गये,
हथियारों का जखीरा जमीन में गाड़ कर
फतह हासिल करली तुमने बड़ी मजबूरी में।।

मन को मना लिया और खुद को समझा लिया,
मंज़िलें और भी हैं इस जहान में,
अब ये सोच कर मैं दंग रह जाती हूँ
जब इतने तने हुए थे, तो इतना क्यों झुके?
जब मुझ पर बीत रही थी तुम अनजान बन रहे थे,
सब कुछ बदल रहा था पर, मुझसे ढके, छुपे।।

आज दावा किया है तो खुलासा सब कर दो
मुझसे दूर जाने की ज़िद में
कितनी बार लड़े थे खुद से,
सब हालात बयाँ कर दो
आज जब बमुश्किल जंग जीत कर लौटे हो,
चलो जश्न मना लो उस हार की जीत का।
खुश हो लो मन ही मन
किसी को पता नहीं–
तुम हार कर लौटे हो और
जश्न है जीत का।।

पता न चला

समय का पहिया चलता रहा,
पर कैसे चला ये पता न चला,
खेल-खेल में हम कहाँ से चल कर
यहाँ पहुँच गये,
पता न चला।

माँ की गोद से जाने, कब उतर कर
बाबा के कंधों पर झूल गये
अपने आँगन में रपट रपट कर
कब स्कूल की दहलीज़ पर
पहुँच गये,
पता न चला।

आम दूध का कटोरा बदल कर,
कब कॉर्न फ्लेक्स का हो गया?
A B C D की पहचान से निकल कर
कब हम रिसर्च वर्क में उलझ गये
और इम्तिहानो के भंवर से गुज़रकर
कब बड़े दफ्तर तक पहुँच गये
पता न चला।

'खो-खो' 'पिट्ठू' खेल खेल कर
कब टेनिस कोर्ट पर पहुँच गये
पता न चला।
अपनी शादी की शहनाई से निकल कर
कब बच्चों की शादी में रम गये
सरकारी क्वार्टर से सामान बटोर कर
कब अपने घर में आ गये
पता न चला।
कब बच्चों की पढ़ाई की फिक्र छूटी
वो सात समंदर पार चले गये
कब पाँच जनों का घर, दो जनों में बदला
माँ बाप भी छोड़ कर चले गये
पता न चला।

समय का पहिया चलता रहता है
यह तो बड़ों से सुना था,
पर जब वो छाती पर से गुजरेगा
वो कैसा होगा
पता न चला।

मेरी गली

रुके-रुके क़दमों से सही
आहिस्ता मेरी गली तुम आना ज़रा आहिस्ता आना।
थम थम कर बारिश होती रही,
उससे क्यों घबराना
ज़रा आहिस्ता आना।।

यहाँ रात की गोद से सरक कर,
भटकती खामोशी
वीरान बियाबान में पनाह लेती है।
आसमान की सियाही लहू सा टपक कर
कोरे दिलों पर इबारत लिखे जाती है।
यहाँ आकर तो देखो,
ज़रा वक्त निकालो
यहाँ भटकते कदमों को मंज़िल मिल जाती है।।
इसलिए आहिस्ता मेरी गली तुम आना
ज़रा आहिस्ता आना।

जब सूरज की सुनहली छुअन
पंछियों पर सवार होकर,
धरती के दरवाज़े पर दस्तक देती है।
खुशबुओं की नदियाँ रेगिस्तानी दिलों पर

रिमझिम फुहारों की बरसात ला देती है–
जब शाम के धुंधलके में दबे पाँव आकर
ज़िन्दगी झिलमिल सितारों की,
चदरिया फैलाती है।
तब आहिस्ता मेरी गली तुम आना
आहिस्ता आना
मेरे कानों में भूली हुई,
कोई धुन गुनगुनाना ज़रा आहिस्ता आना ।।

ज़िन्दगी

बरसों से सन्नाटों के आदी हो चले थे,
'आज ये कौन' आया दिल में
एक शोर उठाने को।
ज़मी-आसमाँ और फलक के सितारों तक
दिल के बवंडर उठते हैं अब,
समन्दर से टकराने को।।

घर से निकल कर चले थे
ज़माने की ख़ाक छानने,
गली के मोड़ पर ही मिल गया
वो हमें बहलाने को।।

इंसानी-रिश्तों की इस
सौदागरी दुनिया में,
फेहरिस्त लिए बैठें हैं सब
अपना नाम गिनाने को।।

ज़िन्दगी तो ए दोस्त, एक खुशफहमी का नाम है,
आते हैं यहाँ लोग सिर्फ
थक कर, मर जाने को ।।

पुराने दिन

गुज़रे ज़माने की बीती यादें, कैसे कोई भूल जाए,
वो नज़रों का मिलना और दिल का धड़कना
है यादों में अब तक समाए।

आओ फिर से करीब आओ मेरे तुम
साँसों में बस जाओ,
चलो सुख दुख की हम बात करें और
दिल के राज़ बताएँ...
गुज़रे ज़माने की बीती यादें...

हम रोज़ सवेरे मिल जाते थे
झूले में झूलते थे हम,
और बंसी बजाकर, मगन होकर
मस्ती में झूमते थे हम।

हाय! बीच सफर में छूट गये हम
जाने गया कौन किधर?
जब फिर से मिले दो दिल खिले,
अपनी रही न खबर।।

शायद

नीले आसमान के नीचे, फैली धरती के सीने पर
उसका मन उछाल तो भरता था–
पर वो उनके गले नहीं मिल पाता था।
आसमान तक उड़ने वाले पंछियों की तरह
उसके पास पर नहीं थे,
और धरती को समेटने के लिए
उसके बाजुओं का दायरा
छोटा पड़ जाता था।।

उसको ग़ुमान था कि वो बहती धारा को
अपनी हथेली में भर सकता है,
ऊँचे, खड़े पहाड़ों पर, चढ़ ना सके तो क्या
उनका कद अपनी आँखों में
पूरा समा सकता है।

नदी की धार में उतरते ही उसका वजूद
शान्त तो हो जाता था,
पर हवा के तेज थपेड़ों से पिटकर
उसकी साँसों का शामियाना
फिर से उखड़ने लगता था।
आसमान तक पहुँचने की ख़्वाहिशें थक कर

धरती तक लौट आती थीं,
वो एक टूटे पेड़ के तने से लिपटकर
मन की सारी बात कह देता था–
जिन्हें आसमान तक जाकर कहने में,
शायद उसकी पूरी ज़िन्दगी गुज़र जाती ।।

सावन का जाया

मैं सावन का जाया हूँ
मेरे जन्म पर ज्यों ही सावन की पहली फुहार पड़ी,
बच्चे के रोने पर घर की सभी
छोटी बड़ी औरतें दौड़ पड़ीं।

उस दिन दादी के आँगन में खूब नाच-गाना हुआ,
ढोल ताशे खूब बजे और देर तक हँगामा हुआ।
मेरे जन्म पर सबने मेरा प्यारा सा मुखड़ा देखा,
माँ की गोद मे रखे हुए एक चंदा का टुकड़ा देखा।।

छत पर बाबूजी ने अपनी महफिल खूब सजायी थी
रह रह कर अपनी मूछें पर
लम्बी उँगलियाँ फिराई थी,
वो बेटे के बाप बने थे
घर में खुशियाँ छाई थी,
ऊपर वाले ने उन पर अपनी
मेहरबानियां बरसाई थी।।

ढोलक की थाप पर मुहल्ले की
भाभियाँ खूब इतरायीं थी,
उनके साथ मेरी बुआ भी
झनक झनक लहरायी थी,

दादी ने मेरा मुँह खोल कर शहद की बूंदें टपकाई थीं।
और ताई ने मेरे कानो में
धीमे से चुटकी बजाई थी,
धीरे धीरे चुटकियों की
रफ्तार आगे बढ़ती रही
पर मेरी भी पुतलियाँ ऐसी हैं, ढीठ की तरह,
अपनी जगह पर जमी रही।।
कुछ ही देर में आँगन की रौनक
अचानक ही थम गयी,
ढोल-ताशों की आवाज़ फिर
सन्नाटों में बदल गई।
घर आँगन खाली हो गया, उस दिन
सांझ में दीया न बाती हुई,
पर मेरे जन्म के अवसर से ही
एक मधुर शुरुआत हुई।

माँ ने खींच लिया आँचल में
पाई खुशबू की सौगात नई,
अब तक चमन में रहता हूँ
मन में खिलते हैं फूल कई।
माँ की आँखों जागता हूँ मैं
माँ की आँखों सोता हूँ,
माँ ने सिखा दिया है मुझको
मैं हँसने से पहले रोता हूँ।।

हम दोनों

तुम धूमकेतु की तरह उभरे थे आसमाँ पर
अब उजला चाँद बनकर वहीं ठहर गये।
मैं इस ज़मीं पर 'लापता तुम्हें' ढूँढ़ती रही,
तुम ऊँचाईयों से दिल की गहराइयाँ नापते रहे।।

अपनी कीमत समझकर तुमने,
जगह ढूँढ़ ली थी अपनी
मैं दर ब दर भटककर भी
खुद का कोई कोना ना ढूँढ़ पाई,
तुम पंखों पर सवार होकर
अपनी मंज़िल तक पहुँचे,
मैं राहों के गड्ढों में गिरकर
अब तक उबर ना पाई।

ज़िन्दगी दोनों की है, दोनों ही जी रहे हैं
अपने अपने हिस्से की धूप और छाँव पी रहे हैं।
ज़िन्दगी जब छक कर प्याला
होंठों से हटा लेगी,
दिल में मलाल ना होगा अब हम भला,
क्यों जी रहे हैं?

तुम आसमाँ पर रहकर भी
सबके लिए हो हासिल,
मैं ज़मीन पर टूटकर गिरा
एक सूखा हुआ दरख्त हूँ।
बरसात की कोई रफ्तार अब
जिला न सकेगी इसे,
जाकर, ना लौटने वाला एक
गुज़रा हुआ वक्त हूँ ।।

तो मैं सो जाऊँ

आजकल रातों को मुझे नींद नहीं आती
ख़्वाबों में मिलने आओ....
तो मैं सो जाऊँ।
ख़त तो लिख लिया है पर पता मालूम नहीं
हौले से आकर बताओ....
तो मैं सो जाऊँ।
अक्सर सुना था ग़ैरों से 'अपने'
क़रीब होते हैं,
तुम दूर से ही बुलाओ....
तो मैं सो जाऊँ।
हमने आशिक़ी में बेखुदी की इंतेहा देखी
तुम होश में लाओ....
तो मैं सो जाऊँ ।
जिस जगह पर दिल ने मरने की
ठान ली थी,
उसी जगह पर आ जाओ....
तो मैं सो जाऊँ।
उसकी क़सम थी मुझ पर,
आखिर तक वफा निभाने की
बस आखिरी बार आओ....
तो मैं सो जाऊँ।।

मोल

छोटी बहन ने बड़े प्यार से
एक संदेशा भिजवाया,
29 जून को उसके बाबा का
सौवाँ सालगिरह आया।

देखो दीदी, तुम बाबा के बारे में कुछ लिख डालो,
उनके साथ गुज़रे पलों की याद सुहानी लिख भेजो।
'हाँ हाँ क्यों नहीं', कहा प्यार से
"अरे ये भी कोई बात हुई
उनकी बातें मन में बहुत हैं
लिख भेजूँगी बात कोई"।

बीच बीच में यूँ होता था,
कलम पकड़ते ही कुछ होता था।
लिख लूँगी है वक्त अभी
जल्दी क्या है, आये तो वक्त सही,
कहकर मैं टाले जाती थी
कुछ सोचकर मैं रुक जाती थी।

कुछ दिनों के बाद अचानक
एक अनोखी बात हुई,

अपनी ही शादी के मौक़े की
इक बात अचानक याद आई,
कन्यादान के बाद उन्होंने
मेरा हाथ थामे हाथों में
नये दामाद को हौले से
बेटी का मोल यूँ समझाया,

"सुनो बेटे, ये पारस पत्थर है
जिसे कहीं भी छू लेगी
उसका पथराया जीवन भी
सोने की ढेरी में बदल देगी"।

चरण स्पर्श कर मैंने उस दिन
उनकी आँखों में झाँका था,
अपनी 'सोने सी बेटी' का मोल उन्होंने
कितनी सच्चाई से आँका था।

फ़लसफ़ा

जाने क्यों हर दर्द को साहिल पर उतरना होता है?
रात की स्याही में महकी फिज़ा को भी जलना होता है,
कभी खुद भी उतर कर देखो तो मालूम हो
कब कश्ती को मंझधार में डुबोना होता है?
हम बहते हुए लहरों पर दूर तक निकल आए थे
उसकी आवाज़ आई तो पलट कर देख लिया,
अब तैर कर किनारे भी क्या जाइएगा,
जहाँ पहुँचकर जज़्बातों को बस कुचलना होता है।

दिल में ठान ली थी पहुँच कर ही दम लेंगे
रास्तों पर चाहे कितनी ही दुश्वारियां हों,
कुछ क़दम रह गये थे मंज़िल तक पहुँचने के लिए,
किसी ने आवाज़ दी 'अभी कहाँ जाते हो'
अभी तो सफर का आगाज़ ही हुआ है,
यह ज़िन्दगी का फलसफा तुम्हें भी मालूम है।
मंज़िल से पहले राही को
गर्द-भरे राहों पर भटकना होता है।।

पराजित अधिकार

सुन्दरता की मलिका थी
वो पांचाल-नरेश की दुहिता थी,
चम्पई रंग में नहाई रहती थी
उसमें गुलाब की पँखुड़ी सी कोमलता थी।
पांचाल-नरेश की राजतनया का
नाम रखा था द्रौपदी,
एक नहीं दो-चार नहीं
उसके थे पूरे पाँच पति।।

माता-पिता की दुलारी थी वो
पतियों की प्यारी पटरानी थी,
ऐसी कोई इच्छा ना थी मन में
जो कभी पूरी ना हो पाई थी।
ज्ञात न था द्रौपदी के जीवन में
ऐसा दुर्दिन भी आएगा
जूए की बाजी में युधिष्ठिर
उस पर दाँव लगाएगा!
राज-पाट भाई-संबंधी
सब कुछ ही हार जायेगा।
लोलुप कपटी दु:शासन केश खींच कर,
भरी राजसभा में लाएगा।

भीष्म पितामह और धृतराष्ट्र-गांधारी
सम्मुख उनकी पुत्रवधू रोई थी तब,
बैरी दुःशासन ने द्रौपदी का
मान भंग करना चाहा था जब।

भरी सभा में सबके सामने
उसका आँचल थाम लिया,
लज्जा से बचने के लिए उस पल
उसने अपने 'श्री गोविन्द' का नाम लिया।
युधिष्ठिर को क्या अधिकार था बोलो,
द्रौपदी पर दाँव लगाने का
खुद को तो पहले ही हार चुके थे
बचा न था कोई अधिकार उनका।।

भाईयों समेत वह स्वयं को और
राज-पाट तक हार चुके थे।
वो तो केवल प्रथम पति थे
चार पति अभी बाकी थे।।
आगा-पीछा न सोचा और
परामर्श भी नहीं लिया,
किसने अधिकार दिया था उनको
क्यों द्रौपदी को जूए में हार दिया?
वह राजतनया थी वह राजरानी थी
अबला नहीं थी कृष्ण की सखी थी,
महाभारत की एकमात्र सूत्रधारिणी थी।।

द्रौपदी की व्यथा-लज्जा और अपमान से
आज भी मानवता आहत है, लज्जित है
पर द्रौपदी की राह पर चलकर नारियाँ,
आज भी श्रद्धा-सुमन से सज्जित हैं।।

नारी कभी अबला नहीं थी
और आगे भी नहीं होगी,
काल-चक्र की धुरी है वो
जिस पर पृथ्वी घूमेगी।।

कुछ कहना है

आज मुझे कुछ कहना है....
आसमान में विचरण करते तारों से कुछ कहना है
आज मुझे कुछ कहना है।

साँझ ढले किस अग्निकुंड से तुम्हें निमंत्रण मिलता है?
चिंगारी से देह सजा कर यह दल कहाँ निकलता है?
उसके मायाजाल में तुमको
कब तक यूँ ही भटकना है?
आज मुझे कुछ कहना है....

आसमान तो चंद्र किरणों में धुलकर शीतल रहता है,
चाँद के फाहों में लिपट कर अपनी धुन में कुछ कहता है।
उसके मायाजाल में तुमको कब तक
यूँ ही भटकना है?
आज मुझे कुछ कहना है....

आओ चलो इस ठाँव से बाहर
अपनी कोई जगह ढूँढो,
चाँद से बातें वहीं से होंगी
अपने से अब मत रूठो।

कब तक देह में अग्नि भरकर
धरती-अंबर दमकाओगी?
बीत गया वह अग्निकाल अब
तुम्हें कभी नहीं जलना है।।
आज मुझे कुछ कहना है....

उसने कहा था

रहने दो मुझे यूँ ही उलझा हुआ यारों,
सुलझ कर जीने की अब ताब बाकी नहीं।
अब यूँ भी तनहा रहने की आदत हो गयी है,
वो सामने आ जाएँ यह हसरत बाकी नहीं।।

उसने कहा था मुझको वह आएगी ज़रूर,
कभी कोई परेशानी मुझे सतायेगी नहीं।
मुद्दत से जी रहा था इसी आस में यारों,
उससे मिलने की उम्मीद अब बाकी नहीं।।

दिल ये जान कर भी
क्या कर लेगा दोस्तों!
हर पल बदल रही है अपनी शक्ल ज़िन्दगी।
पाने-खोने के फेर में अब उम्र ढल चुकी
सीने में मेरे कोई आरज़ू नहीं बाकी।।

तांडव के सुर

वो देखो, शिवशंकर ने फिर से
अपना डमरू लहराया।
नीलकंठ ने जग की खातिर
फिर से हलाहल छ्लकाया।
मोहक-सुर सब बदल गये अब,
नटराज ने तांडव दिखलाया,
भोलेनाथ ने स्वरूप बदल कर रौद्र रूप अब झलकाया।।

जितना चाहे बम बरसा ले धरती पर ना गिरेगा एक
मेरी धरती बलवानो की
संख्या तेरी हो चाहे अनेक,
वे शूरवीर हैं परमवीर हैं छ्ल से नहीं
करते कोई काम।
परखना चाहे तो सौ बार परख ले
भारतवर्ष है इसका नाम।।

जब जब तूने रूप बदलकर भारत की भूमि कब्जाई,
कभी बना तू दोस्त हमारा कभी बना अपना भाई।
हमने भी अब भाँप लिया है,
तेरा स्वरूप ओ महिषासुर!
दशभुजा-धारिणी दुर्गति-हारिणी के,
हम हैं प्रबल प्रचंड किशोर।।

चाल

उम्र धीरे-धीरे अपनी चाल चल रही था,
यादें उसकी हमसफर बनती जा रही थीं।
अक्सर मैं जाग गया हूँ गहरी नींद से,
जब मौत से लिपट कर ज़िन्दगी
गुज़रती जा रही थी।।

जितने भी थे क़रीब कहीं दूर जा चुके थे,
वो यूँ तो अजनबी था पर दिल में बस गया था।
नक्शे क़दम पर उसके चलने की ठान ली थी,
पहले उठे क़दम पर ही मौसम बदल गया।।

मासूम इश्क़ की किस अदा पर वारी जाऊँ?
वो सामने बैठे हैं लेकिन मैं खामोश हूँ,
वो अपनी कह चुके हैं अब
क्या मैं उन्हें सुनाऊँ,
यूँ ही कशमकश में वो आलम गुजर गया।।

संहार

मेरे देश के रणबांकुरों! रण क्षेत्र में तुम
संहार करो,
भारत माँ के लाडले सपूतों! अब बाजू में तलवार धरो।
दुर्गति नाशिनी दुर्गा के सब अस्त्र-शस्त्र ले युद्ध करो।
तुम भारत माँ की संतानें हो उसका दुख संताप हरो,
उसका शुभ आशीष पाकर अपना
सब-कुछ बलिदान करो।।
ओ मेरे देश के रणबांकुरों......

भारत-वर्ष तुम्हारा था और तुम्हारा है,
संपूर्ण विश्व भी तुम्हारा अब होने वाला है।
मानवता के पथ पर चलकर
सकल विश्व का ताप हरो।।
ओ मेरे देश के रणबांकुरों....

चराचर-जगत के सृष्टि-कर्ता ब्रह्मा,
तुम आज स्वयं पर गर्व करो।
पालनहार जगत के विष्णु, थोड़ा सा
तुम धैर्य धरो।
देवों के देव महादेव, तुम तांडव ऊर्जा
भारत में भरो।

माँ शीश झुकाए बैठी है उसके पुत्रों पर आशीष करो।।
ओ मेरे देश के रणबांकुरों....

पहला वार न करने की बदल गयी पुरानी तकरीर,
भारत मेरा बदल गया है बदल गयी उसकी तकदीर।
लुक-छिप कर युद्ध अब बहुत हुआ
चलो सामने आकर वार करो।
ओ शत्रु पक्ष के मक्कारों
गलवान की धार में डूब मरो।।

जीवन

जीवन अगर एक सफर है तो, फिर जीना किसे कहते हैं?
सफर में चलते चलते गिर जाएँ तो, क्या इसे ही मरना कहते हैं।।
हमने तो सुना था जीना यहीं और मरना
भी यहीं होता है,
इनके बीच के संघर्ष को
सब लोग कहो क्या कहते हैं?

जितना समझा है बस समझ लिया है,
इसके आगे हमें और क्या देखना है?
दो दिन के जीवन में सबको ही,
कभी हँसना और कभी रोना है।
अच्छा है हँसने-रोने का खेल ये चलता रहे,
मरकर यूँ ही जीने का भ्रम मन में पलता रहे।।

इल्ज़ाम

यह इलज़ाम मेरे सर पर है
मैं कुछ नहीं कहती,
उनका कहा सुनकर क्यों
सिर को झुका लेती हूं?
क्यों उनके कुछ कहने पर
बग़ावत नहीं करती,
कैसे मैं आँसू को अपने,
हँस के छुपा लेती हूं?

क्या दिल नहीं कहता?
तुम पलट कर कुछ कहो?
अपने वजूद का एहसास
तुम्हें है भी या नहीं?
क्यों हक़ नहीं तुम्हें
दिल के देखभाल का?
या दिल धड़कता है तुम्हें
यह भी मालूम नहीं?

हसरत जो दिल में थी,
दिल में ही मर गयी।
अरसा हुआ है दिल से,

अब बात किये हुए।
कैसे हो शुरुआत फिर,
गुफ्तगू का सिलसिला
ओढ़े हुए कफन का सिरा,
मेरे हाथ में नहीं।।

हमने ठान ली है अब, उफ्फ तक न करेंगे,
यहाँ जवाब सुनने का यूँ भी रिवाज़ नहीं।
अब तुम ही कहो मुझे क्या 'मुर्दे' भी बोलते हैं?
मुर्दों के कुछ कहने का अब चलन रहा नहीं।।

क्यों चुप है

क्यों चुप है मेरा तिरंगा, अब तक
चुप है मेरा तिरंगा?
आज उसके लहराते रंगों से,
किसने लिया है पंगा?
क्यों चुप है मेरा तिरंगा?

संसद के गलियारों से चलकर,
हर गली हर कूचे से निकल कर,
धरती और पर्वत के शिखर पर
गूँजी ललकार बजा डंका।
क्यों चुप है मेरा तिरंगा अब तक
चुप है मेरा तिरंगा।।

शत्-शत् करोड़ हैं इसके नीचे
इसका अंबर इसकी धरती अपनी तरफ प्रेम से खींचे।
खेतों में खलिहानों, में सज कर हरे परिधानों में,
गेहूँ की झूमती बालियों में और सोने से दमकते धानों में,
कहीं उबड़-खाबड़ राहों में
कहीं ऊँचे खड़े पहाड़ों में,
अविरल बहती जाती मेरी
कल-कल करती गंगा।

क्यों चुप है मेरा तिरंगा?
अब तक चुप है मेरा तिरंगा।।

छाती में अगर हिम्मत है तो ज़रा
रुख़ बदल कर देख ले,
पाँवों में ताकत अब भी हो तो ज़रा
पलट कर देख ले।
इस क़ौम की माँओं ने संतानों को
दूध नहीं अपना खून पिलाया है,
माँओं से पहले निपट ले दुश्मन
बेटा भी उसी का जाया है।।
बेटों के सीनों में हाथों से,
भर दिया है उसने प्रचंड अंगार।
सजा कर भेजा है रण क्षेत्र में,
तेरा करने तुमुल संहार।।

नहीं ज़रूरत बम गोलों की
उनके हाथों में है वज्रशक्ति,
तोड़कर गर्दन बाज़ू उखाड़ दे
उनकी शक्ति अपरंपार।
हथियार छोड़ अब यह प्रण ले ले
आगे ना होगा अब कोई दंगा,
अब चुप नहीं मेरा तिरंगा बिल्कुल,
अब चुप नहीं मेरा तिरंगा।।

फ़ुर्सत

मैंने बर्बादियों की तरफ अपने क़दम बढ़ा दिये थे,
पलट कर चमन की राह पर चलने की हसरत नहीं रही।
ज़माने भर के रस्मो-रिवाज़ से हम गुज़र चुके थे,
ज़िन्दगी की किसी और रवायत की चाहत नहीं रही।।

बढ़ती बेक़रारियों के जुल्मों से परेशान था मैं,
जब तुमने हाथ थामा सब काफूर हो गये
ज़िन्दगी जो हर कदम पर लड़खड़ाती रही थी।
उसे किसी के सहारे की अब ज़रूरत नहीं रही।।

कभी आलम था कि उनके बग़ैर,
अपनी दुनिया सजती न थी
वह सामने रहते थे फिर भी नज़र,
उन पर ठहरती न थी
ज़माने बदल गये हैं अब वो
आलम भी गुज़र गया है।
अब किसी से नज़रें मिलाने की,
फुर्सत रही नहीं ।।

चाह

चाह नहीं ईश्वर के चरणों में
मुरझाई माला-सी पड़ी रहूँ ।
चाहा है तुम्हारे बूटों से धमकते, राहों पर
फूलों की क्यारी बन कर खड़ी रहूं।।

अपनी टोली में सजकर जहाँ से गुज़रो तुम
मैं रंग और खुशबू का इत्र तुम पर छिड़कती चलूँ ।
बीहड़ बनों और अंधेरी गुफाओं का साया न टकराए तुमसे,
मैं चंद्र-किरण बनकर नूर की बारिश करती चलूँ।।

सीने में तुम्हारे नगाड़ा सा बजकर,
आँखों में चमकता सितारा बनूँ ।
मन में पर्वतों का अटल धैर्य बनकर,
बाजू में जोश की अविरल-धारा बनूँ ।।

तुम चमन में रहो या
जंगे ज़मीन पर
तुम्हारा साया बनकर मैं डोलती रहूँ,
कुर्बानी की जिस राह पर चले हो
दूल्हा बनकर,
मैं हर उस राह की मंज़िल बनती रहूँ ।।

हिसाब

मेरे पास पल-पल की बर्बादियों का
पूरा हिसाब है।
किन पन्नों की बात करूँ
यह एक पूरी किताब है।।

पहले पन्ने में यादों की फेहरिस्त बनाता हूँ,
उन पर गिनती डालकर 'वो कहाँ है'
उसकी पहचान कराता हूँ ।
जिस पन्ने पर उँगली जाकर थम जाती है,
उस पर पेंसिल से लाल निशान बनाता हूँ ।।

पन्नों की टोली पर उँगलियां फिसलती जाती हैं,
यादों के अंधड़ दिल में हलचल मचाते हैं।
कारवाँओं का सिलसिला
बस यूँ ही चलता रहे,
इसलिए यादों की इस बस्ती में
आता-जाता रहता हूँ ।।

इससे पहले कि तुम कुछ कहो
मैं अपनी बात तो कह लूँ ।
ज़िन्दगी में आए मोड़ों की

तबीयत का हाल तो ले लूँ,
इन खास कामों से निपट लूँ तो फिर,
तुम्हारी ख़ैरियत पूछता हूँ
ये मेरा ही मकान है,
मैं इसी में रहता हूँ ।।

कुछ नहीं चाहिए

मुझे तुमसे कुछ नहीं चाहिए
जैसी हूँ बस वैसे ही रहने दो।
जिस दुनिया में रहती हूँ उसमें,
मुझे आज़ाद ही रहने दो।।

मैं पंछी बनकर उड़ूँ गगन में,
पंछी बनकर मगन रहूँ ।
मैं रंगों की बरसात में भीगूँ,
रंगों की सौगात बनूँ।।

हलचल भरी इस दुनिया में मैं स्पंदन बन
अनुराग करूँ ।
बंद हुए किवाड़ों के सांकल खोल
हिया में मधुर झंकार भरूँ,
यह काम है मेरे मन के क़रीब
बस इन कामों को करने दो।
मुझे तुमसे कुछ नहीं चाहिए
जैसी हूँ वैसे ही रहने दो।।

तुम भी तो गगन के चाँद हो
तुम भी तो रौशन रहते हो,

झिलमिल तारों की दुनिया में,
मनभावन खेल भी खेलते हो।
हवा के परों पर सवार होकर
मेरा मन उड़ना चाहता है,
मांझे से कसी एक डोर बनकर
पतंग से मुझे नहीं बँधना है।।
आँगन अपना सजा लिया है
चमन की तरफ अब बढ़ने दो।
मुझे तुमसे अब कुछ नहीं चाहिए,
जैसी हूँ वैसे ही रहने दो।।

हक़

मुझे भूल जाने का अब हक़ है तुम्हें,
मगर ये ना पूछना मैं क्यों उदास हूँ,
मैं चमन में हूँ या किसी बियाबान में,
तुमको ना हो गरज़ मैं क्यों परेशान हूँ ?

भीड़ में मिलो तो चाहे कतराकर
निकल जाना,
मेरी जानिब नज़रें झुकाकर
चले जाना,
कभी टकरा जाओ तो भूले से सही
लब थरथरा कर कहना
मैं होशोहवास में हूँ।।

जानी-पहचानी राहें सब,
अब अनजानी सी लगती हैं
ज़िन्दा रहने की चाहत अब
बेमानी सी लगती है,
तुम जो भूले हो मुझे तो
मेरी ही बेवफाई होगी
वर्ना वक्ते-रुख़सत कोई,
यूँ भी जाता नहीं।।

24 घण्टों में बँटा हुआ मन

शाम के गहराते ही उसका मन
डूबने लगता है,
अनजान सी राह पर ख़ुद-ब-ख़ुद
भटकने लगता है,
मन चाहता है वो दूर की आवाज़ से पूछे
तुम्हारा मन कभी वक्त-बेवक्त तरसता है?

धुंधली शामें जब काली रातों में बदलती हैं,
उसका मन लिपटकर किसी से
बेतहाशा क्यों रोना चाहता है?
आसमां की सियाही पूरब की लाली में
जब बदलती है,
उसका उनींदा मन किसको बेसब्री से
चारों तरफ तलाशने लगता है?

सुबह के बाद और दोपहर से पहले
वक्त जाने कैसे तेजी से गुज़र जाता है।
पर शाम घिरते ही मन के चारों कोनों में
अनजाना सा अनचाहा डर घिर कर,
घर करने लगता है।
उसका नन्हा मन किसी मजबूत सहारे की
चाहत में, क्योंकर सर पटकने लगता है?

फिर से शाम घूमकर काली रात में
बदल जाती है,
सोती-जागती आँखें खुशनुमा सपनों की
राह दिखाती है,
निंदियारानी हौले से सितारों का
आँचल लहराती है।
उसके मन में कब कोई आकर,
नया ख़्वाब सजायेगा?
क्या चौबीस घंटों में बंटा उसका मन
मजबूत मुट्ठी की शक्ल में बदल पायेगा ?
बंद फ़िज़ा में चंद साँसों के लिए घुटता वो,
खुली हवा में उड़ने के लिए कब आज़ाद
हो जायेगा ?

बदला हुआ आज

जब चलना नहीं आया था तब,
सब संभालने में लगे थे।
जब हम संभल गये हैं,
तब मेरे चलने पर पाबंदी है।।

हर एक उठते क़दम पर मेरे
सौ-सौ बाहों के मेले थे,
अब यह हाल हुआ है कि
कोई क़दम मेरा हमसफर नहीं।
मेरी एक आवाज़ पर पहले
पूरी कायनात पेश हो जाती थी,
अब ये हाल है, मेरी आवाज़ सुनकर,
सिर्फ तन्हाई आदाब बजाती है।।

कान तरस गये हैं,
कोई आवाज़. सुनने के लिए,
रूह तरस गयी किसी को दर्द
दिखाने के लिए,
अब चाह कर भी किसी से मिलूँ,
नहीं चाहता है ये दिल।
क़िस्मत को क़ुदरत की शायद,
अब नज़र लग गयी है।।

मैं और चाँद

जो आज़ादी मुझे हासिल है वह तो,
चाँद को भी नहीं,
चाहे वो आसमान पर हो और मैं,
जमीन पर सही।

मेरा वजूद लहराता है खुले आसमान पर,
खिल जाता है मन उसके सामने झुककर,
सागर, नदियाँ मैदान पर्वत और रेगिस्तान,
मेरे वजूद का हिस्सा हैं और मेरे साथी हैं,
मैं कुर्बां हूँ अपनी धरती और, अपने वतन पर,

चाँद घिरा रहता है, सितारों के झुंड में
ज़मीं पर सब, उसका सदक़ा उतारते हैं।
वो आशिकों के इश्क़ का अकेला गवाह है,
चाँद में ग्रहण लगता है, मुझमें कभी नहीं।
वह चाँद है तो क्या, मैं भी कुछ कम नहीं।
वो भी उठता-गिरता है मैं भी, कभी-कभी।।
उसकी कमी-बेशी भी देखी है आँखों ने,
मेरी कमी पर हैरानी, किस बात पर हुई?

अब तुम सुनो, मेरा चाँद से रिश्ता क्या है?
खुद आसमां पर टँगा वो मुझ पर हँसता है,
सूरज से उधार लेकर चांदी सा चमकता है,
कभी मेरे, बुझते मन को,
नर्मी से सहलाता है।
और छत के अकेलेपन में कभी,
मेरा मन बहलाता है।।

शाम

मैं शाम से तैयार होकर बरामदे में
बैठ जाता हूँ,
कि वक्त हो चला है उसके घर से
निकलने का।
चंद लम्हों में वो सड़क से गुज़र जाएगी,
मौका भी ना मिलेगा, मुझे संभलने का।।
मैं शाम से तैयार होकर...

दिन में बारह घंटे मैं सो कर गुजार देता हूँ
ख़्वाबों में उस से मिलता हूँ खूब बातें होती हैं...
कभी जाड़ा, कभी धूप और कभी बरसात होती है,
फिर मैं वादा ले लेता हूँ अगले दिन भी मिलने का।।
मैं शाम से तैयार होकर...

जाने कैसे बहुत पहले से,
उसके आने की खबर मिल जाती है,
पंछी चहचहाने लगते हैं,
पेड़ों की शाखाएँ लहराती हैं ।
फिज़ा में खुशबू सी घुलकर
दिल में, छाने लगती है,
बस, यही इशारा है उसके मेरे घर के सामने से गुज़रने का।।
इसलिए मैं शाम से तैयार होकर...

आखिरी पड़ाव

घबरा नहीं रही, पर फ़िक्र यह ज़रूर है।
इस मोड़ के बाद मेरी मंज़िल,
अब और कितनी दूर है ?

हर मोड़ पर, शाख और पत्ते बिखरे थे...
हर मोड़ पर, पेड़ों की घटती-बढ़ती छाँव थी।
जिस पेड़ को मैं ढूँढ़ती थी उसकी,
कोई खबर और ना ही कोई ठाँव थी।।
अपनी धुन में मेरा हर क़दम,
आगे-आगे बढ़ता गया।
मैंने पुकारना चाहा था पर,
मेरा गला कचमचा कर रुँधता गया।
क़दम डगमगा रहे थे और
मेरी आँखें बंद थीं,
पर हल्की सी आहट पर मेरा दिल चौंकता गया।।
ख़बर नहीं आ रही थी पर फ़िक्र यह ज़रूर है...
देखो! अब शाम की रंगत स्याही में,
बदल रही है ।
फ़िज़ा में घुली धुंएँ की लकीरें कानों में
कुछ कह रही हैं।
खुले आसमान के नीचे, तंबू सा

तन गया है...
"वहीं पर लेट कर खुद को बिखरने से रोक लो।
कल, फिर से आने वाले उन सपनों को जरा देख लो"।
मैं मान गयी थी उस दिन और वहीं पर लेट गयी थी,
अगली सुबह वहाँ से गुज़रे,
किसी अजनबी को...
रेशम में लिपटी हुई खूबसूरत
एक 'गुमनाम' लाश मिली थी।।

आजकल

अब तो मेरी खामोशियाँ मुझे
अच्छी लगने लगी हैं।
क़ैफियत माँगने वालों की वो भीड़
अब छँटने लगी है।।

पहले जो सूरतें हरदम, मुझे घेरे रहती थीं
दिल पे जो नक्श बहुत गहरे, खुदे रहते थे।
अब वही यादें किसी टीन के बक्से में,
फटी किताबों की तरह
रहने लगी हैं।।
अब तो मेरी खामोशियाँ मुझे...

इन किताबों पर जमी धूल झाड़ कर
कभी इसमें छपे हर्फ मैं पहचान लेती हूँ,
उनकी छिली सूरतों पर उँगलियाँ फिराकर
उन पर बीते वक्त का हाल जान लेती हूँ।
उनकी रोती आँखों से आँसू पोंछकर,
गाहे-ब-गाहे उनको बाहों में थाम लेती हूँ।।
अब तो मेरी खामोशियाँ...

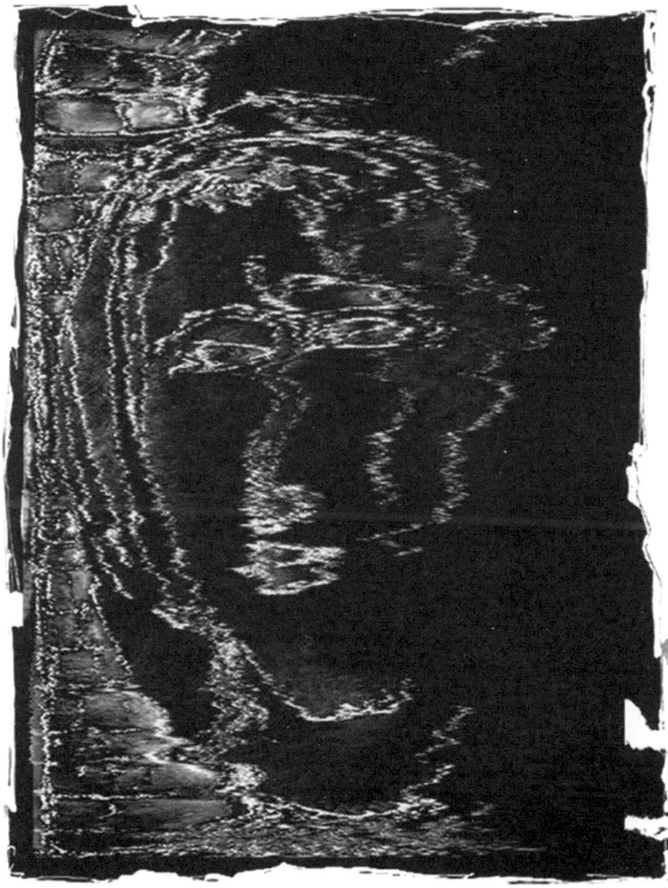

मैं क्या हूँ

मैं संग-हीन एक साथी हूँ
आकाश-विहीन एक पाखी हूँ
हवा के पंखों पर होकर सवार
किसी दूर देश उड़ जाती हूँ।
मैं स्वर-विहीन वाद्य-यंत्र हूँ
लेख-विहीन एक ग्रंथ हूँ
वक्ष को टुकड़े करते रुदन को
प्रचंड अट्टहास में बदलती हूँ।।

मैं चीत्कार हूँ, हाहाकार हूँ,
पलकों के कोने में ठहरे
अश्रुपात की धार हूँ
मैं ही तो कृष्ण की राधा हूँ
मैं प्रेम-दीवानी मीरा हूँ
मुरली-मनोहर के होठों पर
बजती बंसी की तान हूँ।।
हर युग में मैंने जन्म लिया है
हर कालखंड की थाती हूँ
मैं संग-हीन एक साथी हूँ
आकाश-हीन एक पाखी हूँ.....

नूपुर बंधे पैरों में मैं लाल महावर रचाती हूँ,
चपल चमकती आँखों से मैं

हिया में अनुराग जगाती हूँ,
मैं साँझ की नाव के मांझी की
अंधेरे-उजालों की साथी हूँ,
राह से भटके राही को
मंज़िल का पता बतलाती हूँ,
मैं सुध-बुध खो कर गाते हुए
अल्हड़ फकीर की मस्ती हूँ।।
मैं संग-हीन एक साथी हूँ
आकाश-विहीन एक पाखी हूँ।।

मेरे मन में कोई नहीं विषाद
मैं हूँ प्रेम, मैं ही हूँ सुहाग,
मैं कभी विरह-भरा कोई राग
मुझ पर होता रोज विवाद,
इन सब बातों से बहुत दूर
मन में प्रीति लिए भरपूर,
मैं जल कर राह दिखाती मानो,
किसी दीये की बाती हूँ।।
मैं संग-हीन एक साथी हूँ...
आकाश-विहीन एक पाखी हूँ।।

❑❑